आशा की नन्ही किरणें

एक संगठित समाज की उम्मीद में

कनाडा
कोलंबिया
आर डी कांगो
ब्राज़ील

पाकिस्तान
इंडिया
फिलीपींस
मलावी

आशा की नन्ही किरणें

एक संगठित समाज की उम्मीद में

आशा की नन्ही किरणें

एक संगठित समाज की उम्मीद में

एनिक डे गिरी • ब्रूनो पिलोर्गेट

अनुवाद
प्राची अग्रवाल

अनबाउंड स्क्रिप्ट

'The Work is published with the support of the Publication Assistance Programmes of the Institut français'

PAP TAGORE

This edition was published by arrangement with The Picture Book Agency, France.

प्रथम संस्करण : 2022

द्वितीय संस्करण : 2023

ISBN : 978-93-92088-15-5

प्रकाशक : अनबाउंड स्क्रिप्ट
2/41, अंसारी रोड, दरियागंज, दिल्ली–110002
वेबसाइट : www.unboundscript.com
ई-मेल : books@unboundscript.com
फोन नं. : 011-35807601

मूल्य : ₹299/-

मुद्रक : यश प्रिंटोग्राफिक्स
नोएडा, उत्तर प्रदेश

AASHA KI NANHI KIRANEIN
by Annick De Giry & Bruno Pilorget
Translated by Prachi Agarwal

क्रम

प्रस्तावना

दुनिया में अनगिनत बच्चे ऐसे हैं जिनकी ज़िन्दगी की राहें कठिनाइयों से भरी होती हैं और भविष्य एक सपना भर होता है। इनमें से कुछ अपनी उम्मीद टूटने नहीं देते हैं। जीवन का लक्ष्य बना लेते हैं। फ़िलीपीन्स से पाकिस्तान और हिन्दुस्तान तक, तंजानिया से ब्राजील और कोलंबिया तक, मलावी से कनाडा तक—यह आठ बच्चों के संघर्ष की कहानी है।

छोटी उम्र से ही इन बच्चों को मुश्किलों और अमानवीय हालातों का सामना करना पड़ा। फिर भी ये अपने डर, अपनी हताशा, निराशा और अपने दुखों से ख़ुद को उबारकर दूसरों के लिए प्रेरणा की मिसाल बन गए। उम्र की बन्दिशों को लाँघकर समाज में बच्चो को हक़ और सम्मान दिलाने के लिए संघर्ष का रास्ता अपनाया।

बाल अधिकारों का घोषणा-पत्र : संयुक्त राष्ट्र संघ ने सन् 1959 में बाल अधिकारों के घोषणा-पत्र को अपनाया। यह घोषणा विश्व के सभी बच्चों के लिए समान रूप से मान्य है। इन अधिकारों के अन्तर्गत प्रत्येक बच्चे को राष्ट्रीयता और नाम का अधिकार, जीवन और परवरिश का अधिकार, घर-परिवार और सुरक्षा का अधिकार, शिक्षा और स्वास्थ्य का अधिकार, प्यार और शिक्षा के साथ खेलकूद का अधिकार, शारीरिक और मानसिक यातनाओं से रक्षा का अधिकार है। बच्चों को सहिष्णुता, एकजुटता और दोस्ती की अहमियत सिखाई जानी चाहिए। इस घोषणा को मानने वाले सभी सदस्य देशों से सशस्त्र विद्रोहों में बच्चों से संबंधित सभी अधिकारों का क़ानूनी तौर पर आदर करने की अपेक्षा की जाती है।

'किताब और क़लम ही वह हथियार है जो आतंकवाद को हरा सकता है।'

मलाला लड़कियों की शिक्षा के लिए संघर्ष

नाम	:	मलाला युसुफज़ई
जन्म	:	12 जुलाई, 1997; पाकिस्तान के खैबर पख्तूनख्वाह प्रान्त के स्वात जिले में जन्म हुआ।
राष्ट्रीयता	:	पाकिस्तानी
किताब	:	मलाला हूँ मैं
पुरस्कार	:	अन्तरराष्ट्रीय बाल शान्ति पुरस्कार, शान्ति का नोबेल पुरस्कार, साख़ारफ़ (सखारोव) पुरस्कार।

मलाला अपने परिवार के साथ स्वात घाटी में रहती हैं, जो पाकिस्तान के खैबर पख्तून प्रान्त में स्थित है। यहाँ ऊँचे-ऊँचे पहाड़ों की तली में घास के मैदान, जंगल और झीलें हैं। 2007 में पड़ोसी देश अफगानिस्तान से तालिबानी आये और घाटी पर कब्जा कर लिया जिस कारण यहाँ के लोग डर के माहौल में जीने को मज़बूर हैं। तालिबानियों ने घाटी के लोगों को कट्टरपंथी इस्लाम धर्म अपनाने को मज़बूर किया, जिसमें औरतों को आज़ादी से जीने का कोई हक़ नहीं है। जो भी उनकी मुख़ालिफ़त करता मार दिया जाता। इन हालातों में सेना भी विवश थी।

अपने देश की लड़कियों की शिक्षा के लिए अपनी जान की परवाह किए बिना मलाला ने तालिबान के ख़िलाफ़ आवाज़ उठाई।

2008-09

पाकिस्तानी छात्रा की डायरी

मलाला 11 साल की थी, उसे स्कूल जाना और पढ़ना बहुत अच्छा लगता था। तालिबान के आने के बाद पहले जैसा कुछ भी नहीं रहा। वह अपने ब्लॉग में अपने स्कूल के बारे में 'छद्मनाम' से लिखती थी।

14 जनवरी 2009 : इस बार छुट्टियाँ आने पर लड़कियाँ ख़ुश नहीं थीं। उन्हें पता था अगर तालिबान ने अपने नियम लागू कर दिए तो वो फिर कभी स्कूल नहीं लौट पाएँगी। 'मुझे स्कूल जा पाने की अहमियत तब समझ आयी जब स्वात में स्कूल बन्द कर दिए गए। जब भी ऐसी ज्यादती होती है तो कोई इसका विरोध नहीं करता।'

तालिबानियों ने फरवरी से लड़कियों के स्कूल बन्द करवाने की माँग की। यही नहीं उन्होंने 150 से ज़्यादा शिक्षा केन्द्रों को तहस-नहस कर दिया।

ज़्यादा से ज़्यादा पाठक मलाला के ब्लॉग से जुड़ने लगे। उसकी सफलता उन्हें खटकने लगी, उपनाम के बावजूद उन्होंने मलाला को पहचान लिया और उसे धमकाने लगे। हर रात सोने से पहले वह बार-बार देखती कि कहीं घर का दरवाज़ा खुला तो नहीं रह गया। लेकिन उसने लिखना नहीं बन्द किया और उसके माँ-बाप भी उसे नहीं रोकते क्योंकि वो जानते थे कि तालिबानी एक बच्ची पर हमला करने की गलती नहीं करेंगे।

मई-जुलाई 2009 : देश-निकाला

मलाला अपने पिता का बहुत आदर करती थी। वह उनमें से एक थे जो तालिबान की आलोचना करने का साहस रखते थे। जिस दिन

सरेआम एक लड़की को कोड़े से मारने का वीडियो निकला तो सभी ने आवाज़ उठाई, इस बार तो हद पार हो गई थी।

सेना ने तालिबान पर हमला करने की ठानी। गोलीबारी के बीच ज़िन्दगी मुश्किल हो गयी। अन्य रहने वालों की तरह मलाला के परिवार को भी सब कुछ वहीं छोड़कर जल्दी में घाटी से निकलना पड़ा। कुछ महीनों बाद तालिबान को घाटी से खदेड़ दिया गया। घाटी में शान्ति के साथ लोग भी अपने घरों को लौटने लगे।

घर-वापसी

मलाला के भाई अधीर होकर अपनी मुर्गियाँ पकड़ने के लिए बरामदे में भाग गए लेकिन दाने की कमी होने के करण वे मर गई थीं। मलाला अपने कमरे की तरफ़ भागी। किताबों से भरा उसका स्कूली बस्ता जहाँ का तहाँ रखा था, कुछ भी इधर उधर नहीं हुआ था। उसके पिता का स्कूल भी सही सलामत था। मलाला भी अपने स्कूल जा सकती थी। जीवन धीरे-धीरे ढर्रे पर लौट रहा था।

अक्टूबर 2012 के उस घातक दिन तक...

1 अक्टूबर, 2012 : हमला

मलाला 15 साल की हो गई थी। उस दिन 15-20 लड़कियाँ उस बस में चढ़ीं जो उन्हें स्कूल से घर लेकर जाती थी। जैसे ही बस चालू हुई, दो आदमियों ने बस रुकवाई और पूछा, तुममें से मलाला कौन है? डर से काँपते बच्चे उस लड़की की तरफ़ मुड़े जो बिना हिजाब के बैठी थी। गोलियों की बौछार से तीन लड़कियाँ घायल हो गिर पड़ीं बाक़ी इधर-उधर भाग गयीं। मलाला के कंधे और सिर बुरी तरह घायल हो गये, वह बेहोश होकर गिर पड़ी।

आपातकालीन स्थिति में उसका ऑपरेशन करना पड़ा परन्तु उसकी हालत गंभीर थी। अगर उसे किसी दूसरे अच्छे अस्पताल में न ले जाया गया होता तो वह बचती ही नहीं। कुछ दिन बाद इलाज के लिए उसे इंग्लैण्ड के बरमिंघम शहर के उस अस्पताल में ले जाया गया जिसे युद्ध में घायलों के इलाज़ में विशेषज्ञता प्राप्त थी

अपने साथ हुए हादसे के बाद पहली बार मलाला ने ख़ुद को आईने में देखा तो दंग रह गयी। उसके चेहरे का बायाँ हिस्सा बेकार हो गया था, बहुत वक़्त लगा उसे पहले जैसा होने में। उसकी मुसीबत टल गयी थी, उसका परिवार भी उसके पास इंग्लैण्ड आ गया था। पूरी दुनिया से उसके लिए सन्देश आ रहे थे।

उसकी संस्था

जान पर हमले के बावजूद मलाला अपनी लड़ाई जारी रखने के लिए पहले से भी ज़्यादा दृढ़ हो गई थी। हर मुलाक़ात, हर स्कूल का दौरा, हर पुस्तकालय का उद्घाटन उसके निश्चय को और मजबूत करता। दुनिया के हर कोने में लड़कियों को शिक्षा का अधिकार होना चाहिए।

2013 में उसके 16वें जन्मदिन पर उसे संयुक्त राष्ट्र संघ से बुलावा आया। उसने वहाँ उपस्थित युवाओं को स्मरण कराया कि शिक्षा पर सभी बच्चों का अधिकार होता है। मैं हर उस इंसान की तरफ़ से बोल रही हूँ जो हक़ के लिए लड़ रहा है, हक़ एक सुखी जीवन का, हक़ इज़्ज़त पाने का, हक़ बराबरी का और शिक्षा का। अपनी इस कठिन लड़ाई के लिए मलाला को कई पुरस्कार मिले। 17 साल की उम्र में मलाला सबसे युवा 'नोबेल शान्ति पुरस्कार' विजेता बनी। इनाम की राशि से मलाला ने अपनी लड़ाई को नई दिशा दी। लड़कियों की शिक्षा और उनकी आवाज़ उठाने के लिए मलाला ने एक संस्था की स्थापना की।

तालिबानियों ने उसे धमकाया कि अगली बार वह बचेगी नहीं, फिर भी वह निडर होकर लोगों से मिलती रही। उसकी किताब है : मलाला हूँ मैं, मैं शिक्षा के लिए लड़ती हूँ और मैं तालिबान से नहीं डरती। यही उसकी दृढ़ता का प्रमाण है। वह एक दिन प्राइम मिनिस्टर बनकर पाकिस्तानी समाज को बदलना चाहती है। उसके साहस ने उसे युवाओं का आइकन बना दिया।

शिक्षा एक प्राथमिकता

तालिबानी पाकिस्तान से भगा दिए गए थे लेकिन वे फिर लौट आये और लड़कियों को निशाना बनाया।

लड़कियों की शिक्षा बेहद अहम् मुद्दा है। ख़ासकर उन देशों में जहाँ शिक्षा की आज़ादी नहीं है और वहाँ स्कूलों में लड़कियों की संख्या लड़कों के मुकाबले बेहद कम है। मलाला को विश्वास है कि औरतें ही किसी समाज की सोच को बदलकर नई दिशा दे सकती हैं।

‘हम कभी भी इतने छोटे नहीं होते कि दूसरों की मदद न कर सकें।’

केसज़ लावारिस बच्चों की मदद

नाम : क्रिज वालदेज़,

उपनाम : केसज़

जन्म : 26 दिम्बर, 1998, फ़िलीपीन्स के कावित शहर में।

राष्ट्रीयता : फ़िलीपीन्स

पुरस्कार : अन्तरराष्ट्रीय बाल शान्ति पुरस्कार

दक्षिण पूर्वी चीन में प्रशांत महासागर पर बिखरे और सितारों की तरह चमकते हज़ारों द्वीपों का समूह है। तूफानों से घिरे इस द्वीप समूह की आर्थिक स्थिति अभी पिछले कुछ सालों में थोड़ी बेहतर ज़रूर हुई है, लेकिन आज भी अपार ग़रीबी है। आज भी तक़रीबन 25,000 बच्चे अपना जीवन सड़कों पर गुज़ार रहे हैं। मनीला से 30 कि.मी. दूर, कावित के बाहर, सड़क पर पले-बढ़े इन्हीं बच्चों में से एक बच्चे केसज़ ने अपने जीवन को बदलने की ठान ली।

बस्ती

एक आदमी बच्चे को धकियाते हुए झुग्गी से बाहर आता है :

'निकल भाग यहाँ से और जब तक तेरे पास पैसे न हों, तब तक वापिस मत आना।' धमकी से डरकर केसज़ ख़ुद को बचाने के लिए वहाँ से भाग जाता है। उसे पता था उसे क्या करना है। वह बस्ती के पास वाले कूड़े के ढेर पर अपने भाई बहनों के पास भाग गया।

छुटपन से ऐसा ही होता आया था। उसका बाप उसे पीटता, भीख माँगने पर मजबूर करता, और कचरे में से सामान ढुँढ़वाता जिसे बेचकर वह अपने लिए शराब और नशा ख़रीद सके। उसकी माँ उसे बचाने की कोशिश भी नहीं करती। जब वह बहुत बहुत छोटा था, दोनों ने इसे बेचने की कोशिश की थी पर बेच नहीं सके। तब से दोनों मानते थे कि केसज़ उनकी बदकिस्मती का कारण है।

कूड़े का ढेर

एक बड़ा सा ट्रक बच्चों के पास से हॉर्न बजाते हुए गुज़रता है और कुछ दूरी पर रुककर कचरा पलट देता है। बच्चे दौड़ते हुए, कुछ तो नंगे पैर, उस कचरे के ढेर पर चढ़ गए। केसज़ भी उनके साथ लग गया। वो सभी कचरे को जल्दी-जल्दी खदोलने लगे। प्लास्टिक की बोतलें, टीन के कैन, धातु के टुकड़े, कुछ भी जिसे बेच कर पैसे मिलें। सभी के मन में एक ही उम्मीद थी, काश किसी दिन फेंकी हुई कोई बहुत क़ीमती चीज़ उन्हें कूड़े में मिल जाए जिसे बेचकर वे अपनी ज़िन्दगी बदल सकें!

केसज़ महज़ 4 साल का था। उससे यह सब बर्दाश्त नहीं होता। उसने ठान लिया कि वह अब घर वापस नहीं जाएगा। दिनभर वह भीख माँगता या कूड़े के ढेर पर चला जाता। रात में

किसी बंद दुकान की छप्पर के नीचे या किसी क़ब्रिस्तान में सोता। केसज़ और उसके साथियों ने कुछ खाली क़ब्रें ढूँढ़ ली थीं जहाँ बारिश आने पर छिप सकें।

दुर्घटना

शाम का वक़्त था। कचरे के ढेर के किनारे पर कुछ टायर जल रहे थे। आखिरी ट्रक कचरा पलटकर गया, बच्चे एक दूसरे को धक्का देते हुए उसकी तरफ़ भागे। भगदड़ में केसज़ का संतुलन बिगड़ गया।

एक लड़का यह देखकर चिल्लाया, लेकिन तब तक बहुत देर हो चुकी थी। वह आग में जा गिरा। उसके कपड़ों में आग लग गई, उसकी पीठ और बाहें बुरी तरह जल गईं। केसज़ बुरी तरह तड़प रहा था। डेढ़ साल से वह अपने घर नहीं गया था पर अब उसके पास कोई रास्ता नहीं था, उसे अपने माँ-बाप के पास लौटना ही पड़ेगा।

'ध्यान कहाँ था तेरा?' उसका बाप चिल्लाया। 'तुझे लगता है की मैं तेरी तीमारदारी का खर्चा उठाऊँगा?'

संयोग से उसकी माँ जानती थी कि कौन उसकी मदद कर सकता था। मनालयसे, एक सामाजिक कार्यकर्ता, जो अक्सर बस्ती के चक्कर काटा करता था। उसने एक क्लब बनाया था जहाँ वह बच्चों के लिए विभिन्न प्रकार के कार्यक्रम और खेलकूद आयोजित करता था। मनालयसे को लगता था कि बच्चों को अगवा कर लेने वाले गिरोहों से बच्चों को बचाने का यही तरीक़ा है। मनालयसे ने केसज़ की देखभाल की। उसने केसज़ को बच्चों के एक केंद्र में डाल दिया जहाँ वो धीरे-धीरे ठीक होने लगा।

नया जीवन

कुछ महीने बीत गए। एक दिन केसज़ की माँ मनालयसे के घर आई; अपने बेटे का हाल-चाल जानने के लिए नहीं बल्कि यह कहने के लिए कि :

'मुझे और मेरे पति को केसज़ नहीं चाहिए, वह हमारे किसी काम का नहीं है।'

ऐसी हालत में मनालयसे बीमार केसज़ को कैसे छोड़ देता। वह उसके पास गया और बड़े प्यार से कहा :

'मैं तुम्हारी देखभाल करूँगा, तुम चिंता मत करो।'

अब एक ही रास्ता था कि वह केसज़ का अभिभावक बन जाए। इस सबकी कार्यवाही लंबी थी, लेकिन आख़िरकार मंजूरी मिल गई। पैदा होने से लेकर अब तक पहली बार उस बच्चे को प्यार मिला। वह भी अब स्कूल जा सकता था। धीर-धीरे उसे फिर से जीवन से प्यार होने लगा।

केसज़ को अपनी सही उम्र नहीं मालूम थी, लेकिन काफ़ी खोजबीन के बाद पाता चला की उसका जन्म 26 दिसम्बर, 1998 को हुआ था। अपने सातवें जन्मदिन पर उसे पाता चला की जन्मदिन मनाना क्या होता है। उसे विश्वास नहीं हो पा रहा था। मोमबत्तियाँ, केक, और इतने सारे उपहार! वह कुछ खो-सा गया और अब उसे एक ही चाह थी कि ये सब अपने उन दोस्तों के साथ बाँटे जिन्हें वह अब भी भूला नहीं था।

उम्मीद के तोहफ़े

केसज़ अपने उपहारों के छोटे-छोटे पैकेट बनाकर सड़क के बच्चों को बाँटने के लिए चला। वह इन उपहारों को 'आशा की किरणें' बुलाता। वह बस इतना चाहता था कि उसकी तरह उसके दोस्त भी हिम्मत न हारें। लेकिन जल्द ही उसके पास बाँटने को कुछ नहीं बचा।

तब नये पैकेट बाँटने के लिए केसज़ दूकानदारो से मिठाई, टॉफी और चप्पलें माँगता। सड़क के ज़्यादातर बच्चे नंगे पैर घूमते और कचरे के ढेर में घायल होते रहते। उसके अभिभावक ने उससे कहा :

'अगर तुम एक संगठन बनाओ तो उसके ज़रिए आने वाले दान से बच्चों की ज़्यादा मदद कर सकोगे।'

अपने दोस्तों और स्कूल के दूसरे बच्चों के साथ मिलकर केसज़ ने जल्द ही एक कमेटी बनाई। उसके सदस्य अपने पीले

रंग की टी-शर्ट से पहचाने जाते थे। बच्चों का एक दल जूते, टॉफी, कपड़े, ब्रश, साबुन और खिलौने इकट्ठा करता, दूसरा सामान को छाँटकर अलग-अलग डिब्बों में रखता और तीसरा इन डिब्बों को बाँटता।

हर हफ़्ते केसज़ क्लास के बाद बच्चों को इकठ्ठा कर के उन्हें हाथ धोना, ब्रश करना, ज़ख़्मों पर मरहम लगाना सिखाता। जो बच्चे सीख जाते वो यह सब दूसरे बच्चों को सिखाते।

बदलाव

अपने अतीत को पीछे छोड़कर केसज़ ने कुछ ही सालों में अपनी तरह हिंसा के शिकार हज़ारों बच्चों की ज़िन्दगी बदल दी। 2012 में जब केसज़ मात्र तेरह साल का था, तब उसे अन्तरराष्ट्रीय बाल शान्ति पुरस्कार मिला। अपनी ट्राफ़ी दिखाते हुए केसज़ ने दुनिया के सब बच्चों से कहा :

'कभी हिम्मत न हारें, कभी उम्मीद न खोयें'

केसज़ अपनी पढ़ाई के साथ-साथ इनाम की राशि से बच्चों की मदद करता रहा। वह पढ़कर डॉक्टर बनना चाहता है।

इनाम की राशि

यह इनाम उन बच्चों को दिया जाता है, जो अपनी सीमाओं से परे जाने की हिम्मत रखते हैं और यह साबित करते हैं कि एक अकेले बच्चे में भी दुनिया बदलने की क्षमता होती है।

अन्तरराष्ट्रीय बाल शान्ति पुरस्कार

नीदरलैंड के संगठन 'किड्स राईट्स' (Kids Rights) ने 2005 में 'अन्तरराष्ट्रीय बाल शान्ति पुरस्कार' घोषित किया। यह बच्चों के लिए नोबेल शान्ति पुरस्कार के समान है। नकोसी एक दक्षिण अफ्रीकी युवा था, जिसे जन्म से एड्स था। उसने अपना 12 साल का जीवन इस रोग से ग्रसित बच्चों को समाज में जगह दिलाने के लिए लगा दिया। उसके प्रयासों ने इतना असर छोड़ा कि मरणोपरांत इस पुरस्कार का वो पहला विजेता बना। अपने मुश्किलों से भरे जीवन के बावजूद मुश्किल में फँसे दूसरे बच्चों की मदद करने में सफल रहा हो। उसे ये इनाम उस दक्षिण अफ्रीकी बच्चे के सम्मान में दिया जाता है जो प्रतीक है उन मज़बूत बच्चों का, जो अपनी सीमाओं से परे जाने की हिम्मत रखते हैं : एक बच्चा भी दुनिया बदलने की क्षमता रखता है।

'जीवन की परिस्थितियाँ जितनी कठिन होती हैं परिवार की अहमियत उतनी ही अधिक होती है।'

सांड्रा बस्तियों में बदलाव

नाम	:	सांड्रा लिलिआना सानचेज
जन्म	:	28 मई, 1985, कोलंबिया के दक्षिण बोगाटा में
राष्ट्रीयता	:	कोलोम्बियन
किताब	:	फॉरगॉटन्स ऑफ़ बोगाटा

40 सालों से कोलिंबिया, गृहयुद्ध की चपेट में है : एक तरफ़ सरकार और गुरिल्ला लड़ाकू और दूसरी तरफ़ हथियारों से लैस आंदोलनकारी रोज़ टकराते थे। इन दो खेमों के बीच फँसे सामान्य लोग गाँवों से भागने लगे, क्योंकि वहाँ ख़तरा बढ़ता जा रहा था। ऐसे लोगों को बोगाटा की झुग्गियों में पनाह मिली जहाँ उनके जैसे और भी थे, जिनके पास कहीं और जाने की कोई जगह न थी।

सांड्रा जब अपने परिवार के साथ इस मनहूस बस्ती में पहुँची तो वह महज सात साल की थी। यह उसके लिए बहुत बड़ा झटका था। थोड़े दिनों में अपना दुःख तकलीफ़ भूलकर उसने सोचा कि बस्ती के रहन-सहन को बदलना चाहिए और इसके लिए वह लोगों के बीच मेल-जोल बढ़ाएगी।

एक स्वर्ग से दूसरे तक

चार व्यक्ति सिर पर पोटलियाँ उठाए पक्की सड़क छोड़कर कच्चे रास्ते से चलने लगे। दो साल की छोटी-सी बच्ची को गोदी लिए एक आदमी, एक गर्भवती औरत, और एक सात साल की बच्ची दो घंटे से चले जा रहे थे। उत्तरी बुगाटा (जहाँ अमीरों के घर थे) से दक्षिणी बुगाटा (जहाँ ग़रीबो की बस्तियाँ थीं) तक आने में इतना ही समय लगता है। और एक घंटे की चढ़ाई के बाद वो रुक गए।

बच्ची को गोदी से उतारते हुए पिता बोले :

'हम पहुँच गए।'

'लेकिन घर कहाँ है?' सांड्रा परेशान होते हुए बोली।

'हम उसे बनाएँगे', सांड्रा के पिता ने कहा, 'आज की रात हम तिरपाल के नीचे सोयेंगे, कल से काम पर लगेंगे।'

सांड्रा ने सोचा, 'ऐसा नहीं हो सकता, वो लोग वहाँ कैसे रह सकते हैं!'

तमाम मुश्किलों के बावजूद सांड्रा का बचपन खुशहाल था। वे लोग अपने दादा के घर रहने को मजबूर थे, क्योंकि उसके पिता को नौकरी नहीं मिल रही थी। सांड्रा को अपने दादू से कहानियाँ सुनना बेहद पसंद था। स्कूल के बाद वह घंटो अपने भाई-बहनो के साथ खेलती। लेकिन उनकी मौजूदगी दादा पर बोझ बनने लगी थी इसलिए उन्हें वहाँ से जाना पड़ा।

नरक से स्वर्ग तक

इस बस्ती का नाम एल पराईसो (स्वर्ग) था। सांड्रा घबराई हुई थी। उसके चारो तरफ़ बांस और तिरपाल या ईंट और टिन की

चादर से बने बेतरतीब घरों का अम्बार था। जमीन पर कचरा बिखरा था और नालियों में कीचड़। बस्ती में न तो बिजली थी न ही पानी।

पानी सबसे बड़ी समस्या थी, जिसे एक किलोमीटर दूर से लाना पड़ता था। स्कूल के नाम पर पत्थर की दीवारें, प्लास्टिक के तिरपाल और बिना बिजली के दो कमरे थे, जिसमें दो सौ बच्चे थे। ज़्यादातर बच्चे कुछ महीने बाद स्कूल छोड़ देते थे और पैसा कमाने के लिए छोटे मोटे काम में जुट जाते थे। सांड्रा को गाँव के अपने प्यारे से स्कूल की बहुत याद आती थी।

पराईसो में कोई अपने हिस्से का खाना नहीं छोड़ता

खेल के समय सांड्रा अपने क्लास के लड़कों को फुटबॉल खेलते देखती। उसने अपना सैंडविच खोला और उसका रैपर नीचे फेंक दिया। पराईसो में कूड़ेदान नहीं होता। एक लड़का उस तरफ़ बढ़ा, काग़ज़ पर लगे टुकड़े को चाटा और वापिस खेलने चला गया।

क्लास के बाद सांड्रा उस लड़के से मिलने गयी :

तुमने मुझसे थोड़ा-सा सैंडविच माँगा क्यों नहीं?

क्या तुम मुझे दे देतीं? वो लड़का मजाक उड़ाते हुए बोला।

पक्का, मेरे पास दो टुकड़े थे।

पराईसो मे कोई किसी को अपना खाना नहीं देता, उसने जवाब दिया।

यह वाक्य बिजली के झटके की तरह था। अचानक ही सांड्रा का नजरिया बदल गया। इस बच्चे की आँखों में भूख साफ़ नज़र आती है। जब आप ख़ुद भूख के अहसास से गुजरे हों तो ऐसी नज़र तुरंत पहचान में आ जाती है। एक-दूसरे लड़के के पास एक कॉपी भी नहीं थी लिखने के लिए। सांड्रा ने तय किया की वह इसका विरोध करेगी। इसके लिए अपने ज़रूरतों के लिए अकेले-अकेले लड़ते रहने की बजाय आवश्यकता थी सब में एकजुटता का अहसास जगाने की। कुछ ही महीनों में सांड्रा इतनी प्रसिद्ध हो गई कि वो उनकी प्रतिनिधि बना दी गई। सांड्रा अभी सात साल की थी। वो प्रशासन को लिखती। अधिकारियों से मिलती। जल्दी ही नतीजे सामने आने लगे। खिड़कियाँ और दरवाज़े, पानी की सुविधा, स्कूल में पढ़ाने के लिए पर्याप्त शिक्षक। नगर प्रमुख की सहायता से उसने कंप्यूटर भी लगवा लिया। उसने शैक्षिक मेले लगवाये और छोटे बच्चों के लिए क्रिसमस के उपहारों का प्रबंध करवाया।

पीढ़ियों का मेल

एक दिन दोपहर को स्कूल से लौटते समय सांड्रा की नज़र ठिगने कद की टोपी और मोटा-सा चश्मा लगाए हाथ में लाठी लिए उस बूढी औरत पर पड़ी जिसे इंतज़ार था कि उसका कोई पड़ोसी उसके लिए एक छत का इंतज़ाम कर दे। इसका नाम मार्गरीटा था। सांड्रा उनसे बात करने गई और कुछ ही दिनों में दोनों में दोस्ती हो गई। शुक्रवार के दिन सांड्रा ने मार्गरीटा से पूछा :

'क्या मेरे घर खाने पर आओगी?' खाने के बाद घर लौटते समय मार्गरीटा ने सांड्रा को गले लगा लिया और बोली :

'प्यारी सांड्रा तुम सोच नहीं सकती की मैं आज कितनी खुश हूँ। काश प्रत्येक दिन शुक्रवार होता।'

सांड्रा को अपना उद्देश्य मिल गया। वह एल पराईसो में बुजुर्गो और युवाओ को साथ लाना चाहती थी। अकेले रह गए बुजुर्गों, जिनके पास बात करने के लिए कोई भी नहीं था और भटके व परेशान युवाओं को साथ लाना चाहती थी।

अब हर शुक्रवार मार्गरीटा दूसरे बुजुर्गो को बुलाती, जिनमें युवा और बच्चे भी आते। सांड्रा को धीरे-धीरे इन बुजुर्गों के दुःखों का पाता चलने लगा जिन्हें उनके परिवार वालों ने छोड़ दिया था। लेकिन इसके साथ धीरे-धीरे उसका घर भी छोटा पड़ने लगा।

नई चुनौतियाँ नई उलझनें

दो साल बाद 'ओएसीस', एक कम्युनिटी हॉउस, बनकर तैयार हुआ। वहाँ एक समय का खाना दिया जाता। सब बातें करते। कहानियाँ सुनते-सुनाते, संगीत बजाते। बुजुर्ग छोटों से अपने अनुभव बाँटते और युवा अपनी आशाएँ और नई जिज्ञासाएँ साझा करते।

शिक्षा

वह छोटी सांड्रा अब बड़ी हो गई है। उसे कुछ लोग मिल गए जो उसका काम आगे बढ़ा रहे हैं, जिससे वो अपनी पढ़ाई कर पाई। उसका एक ही लक्ष्य है, पढ़कर वकील बनना और ग़रीबों की मदद करना।

एकता का महत्त्व

इतने वर्षो में एल पराईसो में काफ़ी बदलाव आए हैं। वहाँ रहने वालों का जीवन ज़्यादा बेहतर हुआ है, लेकिन सांड्रा परेशान है, क्योंकि आर्थिक तरक्की ने एकता और आपसी सौहाद्र्र को कम कर दिया है। विस्थापित परिवारों की मुश्किलें अब भी बरकरार हैं। बस्ती उन्हें अपनाती नहीं। वो अपने गाँव घर लौटना चाहते हैं। जबकि ख़तरों के बावजूद बच्चे हर हाल में शहर में ही रहना चाहते हैं। ख़तरा था जबरन गिरोहों का हिस्सा बनने का। सांड्रा की तरह कुछ युवा आगे बढ़ना चाहते हैं और ख़ुद की तरफ़ दुनिया का नज़रिया बदलना चाहते हैं।

'मैंने समझा कि मेरा बचपन जो अपनों ने बिगाड़ा उसे दूसरों ने सँवारा।'

ओम बँधुआ बच्चों की आज़ादी

नाम : ओम प्रकाश गुर्जर

जन्म : 3 जुलाई, 1992, भारत के राजस्थान में

राष्ट्रीयता : हिन्दुस्तानी

अन्तरराष्ट्रीय बाल शान्ति पुरस्कार

हिन्दुस्तान के उत्तर-पश्चिम में स्थित है, राजे महाराजों और असीम धन ऐश्वर्य वाला राज्य राजस्थान। यहाँ हज़ारों पर्यटक आते हैं, लेकिन असलियत इतनी सुन्दर नहीं है। यहाँ हर जगह—खेतों-खलियानों में, सीमेंट के कारखानों में, कपड़े और कालीन की फैक्ट्रियों में बच्चे नज़र आते हैं। कुछ तो पैसों के लिए आते हैं; कुछ को तो वो भी नहीं मिलता। ये बँधुआ बच्चे हैं। फैक्ट्री और खेतों के मालिक अपने फायदे के लिए इन बच्चों का इस्तेमाल करते हैं। ओम इनमे से एक है। पाँच साल की उम्र से वह एक खेत में काम करता था। आठ साल की उम्र में वहाँ से आज़ादी मिलने पर स्कूल गया और वहाँ से निकलकर बँधुआ बच्चों की रिहाई के लिए अपनी लड़ाई शुरू कर दी।

'ओम! हम तुम्हारे माँ बाप और मालिक से मिले, अब तुम आज़ाद हो'

ज़मीन की तरफ़ झुके हुए बच्चे ने सिर उठाया। वह उस आदमी को पहचान गया जो यह ख़बर सुनाने आया था। आज़ाद! लेकिन यह कैसे हो सकता है?

बँधुआ बच्चे

दूसरे बच्चों की तरह ओम भी एक बँधुआ था। कुछ लोग उसे पाँच साल की उम्र में खेत पर काम करने के लिए लाए। तब से सुबह से शाम तक वह जानवरों की देखभाल करता। बुआई और कटाई करता। सिर्फ़ दो वक़्त का खाना मिलता और ज़रा भी गलती होने पर मार पड़ती। उसे किसी ने यह नहीं बताया कि उसका पिता एक खेतिहर मज़दूर था। उसने अपने मालिक से कर्ज लिया था जिसे चुकाने के लिए उसे ख़ुद के साथ-साथ अपने बच्चों को भी मालिक के पास बँधुआ रखना पड़ा बिना एक पैसे की मज़दूरी के। यही है बँधुआ मज़दूरी।

आज़ादी

ओम को बँधुआ मज़दूरी करते तब तक तीन साल हो गए थे जब एक आदमी उसके घर पहुँचा और कहा :

'यह सब करने के लिए आपका बेटा बहुत छोटा है। ऊपर से उसे पैसे भी नहीं मिलते! क्या आपको पता है कि बच्चों से काम कराना क़ानूनन अपराध है? उसको घर वापिस आना होगा स्कूल जाना होगा और पढ़ाई करनी होगी।'

यह आदमी 'बचपन बचाओ' नाम के एक संगठन का कार्यकर्ता था। पूरे देश में घूम-घूमकर वह बँधुआ बच्चों को आज़ाद कराने की कोशिश करता था।

उसके पिता ने कहा, 'यह मुमकिन नहीं है। वह हमारे मालिक के लिए काम करता है और अभी चुकाने के लिए बहुत रुपया बकाया है। अगर ओम वापिस आ गया तो मालिक बहुत नाराज हो जाएँगे।'

उस कार्यकर्ता ने कोशिश करना नहीं छोड़ा। वह बार-बार ओम के माँ-बाप और उसके मालिक से मिलता रहा। लंबी कोशिश के बाद वह उसे स्वतंत्र करने को तैयार हो गया। उसके संगठन ने ओम की पढ़ाई की ज़िम्मेदारी ली।

बाल आश्रम

ओम बाल आश्रम आ गया। यह आज़ाद हुए बँधुआ बच्चों का आश्रम था। ये बच्चे यहाँ कुछ महीने या कुछ साल रहते, जितने समय में उनकी पढ़ाई पूरी होती और वे अपना आत्मविश्वास वापिस न पा लेते। ओम बच्चों की समिति का प्रतिनिधि बन गया। वह छः महीने में अपने घर माँ-बाप और दस भाई-बहनों से मिलने जाता।

निःशुल्क शिक्षा

उसका मन आगे पढ़ने का था। मगर जिस स्कूल में पढ़ना चाहता था उस स्कूल में फ़ीस और किताबों के लिए उसके माँ-बाप को 100 रुपए देने पड़ते। लेकिन यह क़ानून के ख़िलाफ़ था, क्योंकि सरकारी स्कूलों में शिक्षा निःशुल्क थी, उसने वकील की सहायता ली।

स्कूल वाले मेरे माता-पिता से पैसे माँग रहे हैं, क्या यह गलत नहीं है?

'तुम सही हो ओम', वकील ने कहा, 'स्कूल नि:शुल्क होना चाहिए, क्या तुम दूसरे बच्चों को जानते हो जिनकी यही परेशानी हो?

'बहुतों की है', उसने बताया।

'हमें करना यह होगा कि तुम सभी बच्चों से आवेदन पत्र पर हस्ताक्षर करवाओ जिसे मैं राजस्थान के न्यायालय भेजूँगा, क़ानून का पालन तो होना ही चाहिए।'

उसके स्कूल के दो सौ बच्चों ने आवेदन पत्र पर हस्ताक्षर किया। फैसले के अनुसार स्कूल को सभी माता-पिता के पैसे लौटाने पड़े। ओम अब दूसरे स्कूलों में जाता और इसके लिए

अधिकारियों से बात करता। उसका आंदोलन ज़ोर पकड़ता गया और एक दिन ऐसा आया जब राजस्थान के किसी भी सरकारी स्कूल ने फीस नहीं माँगी। अपनी पहली जीत पर ओम को काफ़ी गर्व हुआ।

फैंटम बच्चे

बहुत से बच्चों के पास जन्म प्रमाण पत्र नहीं होता। राज्य के लिए ऐसे बच्चों का कोई अस्तित्व नहीं है। ये फैंटम बच्चे हैं। जिनका शोषण करना आसान हो जाता है।

ओम ने पंजीकरण का अभियान चलाया। कुछ सालो में पाँच सौ से ज़्यादा बच्चों को यह प्रमाण पत्र हासिल हुआ। उम्र का प्रमाण होने से ये बच्चे बँधुआ मज़दूरी, बच्चों के अवैध व्यापार और बाल विवाह से बच पाते हैं।

यह ओम की दूसरी जीत थी। हालाँकि उसकी वास्तविक जीत अभी अधूरी थी। ओम बँधुआ मज़दूरी के अपने शुरूआती साल भूला नहीं था। उसे बच्चों की मज़दूरी सहन नहीं थी। जिस संगठन ने उसे बचाया था उसी संगठन के कुछ कार्यकर्ताओं के साथ मिलकर उसने बँधुआ बच्चों की आज़ादी के लिए एक बड़ा अभियान शुरू किया। हर जगह वो उन लोगों से लड़ता जो क़ानून को अनदेखा करते। जल्द ही ऐसे गाँवों का एक नेट्वर्क बन गया, जिनमें बच्चों से काम कराने की मनाही है। ओम ने अपने गाँव को भी इस नेटवर्क का हिस्सा बनवाया। अब उसके बहन-भाई भी स्कूल जा सकते थे।

अपने इस काम से वह प्रसिद्ध ही नहीं हुआ बल्कि इसके लिए उसे 2006 में अन्तरराष्ट्रीय बाल शान्ति पुरस्कार भी मिला।

आज ओम तीस साल का है। अपनी पढ़ाई के साथ-साथ, वो हिन्दुस्तान और नेपाल में अपना अभियान भी आगे बढ़ाता रहा है।

ओम का सपना है कि वो एक दिन अपने राज्य का राज्यपाल बनकर बच्चों को बँधुआ मज़दूरी से मुक्त करवा पाए और ऐसे समाज की स्थापना करे जहाँ बच्चों के हक़ का सम्मान हो।

अन्तरराष्ट्रीय बाल अधिकारों का घोषणा-पत्र

काफ़ी देशों ने 1959 के बाल अधिकारों के घोषणा पत्र को माना, लेकिन उसके सिद्धांतों को लागू नहीं किया। तीस साल बाद फिर से बाल अधिकारों का अन्तरराष्ट्रीय सम्मलेन हुआ और जिन देशों ने उस पर हस्ताक्षर किए, उन्होंने बच्चों के अधिकारों को मान्यता देने का संकल्प लिया और नियमों के पालन के लिए कमेटी भी बनी। 1992 में भारत ने भी इस समझौते को मान्यता दी। जब दुनिया के हर 5 बच्चों में से 1 बच्चा भारत में रहता हो, तो इसकी आवश्यकता भी भारत में अधिक है।

'क्या ये सही है की हम हर सुबह गोलियों की आवाज़ से जागें? सुरक्षा बच्चों का मौलिक अधिकार है'—मायरा

मायरा हिंसा का विरोध

नाम : मायरा अविलार नेब्ज

जन्म : 1991 के आसपास रिओ डी जेनिरियो के फावेला दी विला क्रुजीरो

राष्ट्रीयता : ब्राजीलियन

अन्तरराष्ट्रीय बाल शान्ति पुरस्कार विजेता

ब्राजील दुनिया का वह देश है जहाँ अमीर और ग़रीब के बीच की खाई सबसे गहरी है। तीन में एक इंसान 'फावेला' में रहता है। शहर के बाहर बसी इन फावेलों में रहने वाले टैक्सी या बस चालक हैं, घरों में काम करने वाली बाई हैं, पुलिस वाले हैं, लेकिन इनका जीवन दुःख और पीड़ा से भरा है। बाक़ी लोग जुगाड़ पर टिका एक असुरक्षित जीवन गुज़ार रहे हैं। विला क्रुजीरो का यह फावेला हथियारों और ड्रग्स की तस्करी के चलते पूरे देश में सबसे ख़तरनाक माना जाता है। और यही वह जगह थी जहाँ मायरा रहती थी।

हिंसा

बुनियादी सुविधाओं और शिक्षा के आभाव से युवा गुमराह होकर जुर्म और ड्रग्स की तस्करी की तरफ़ चले जाते थे। यहाँ क़ानून का स्थान हिंसा ने ले लिया था। फावेला का जीवन दुष्कर था। ड्रग्स तस्करों के गिरोहों के बीच की मुठभेड और इन सब को ख़त्म करने की कोशिश करने वाली पुलिस के बीच आए दिन की गोलीबारी में तमाम मासूम लोग हर साल मारे जाते थे। अपने मरे हुए बच्चों का नाम परिवार वाले दीवारों पर लिख देते थे।

शान्ति मार्च

मायरा की पन्द्रहवी सालगिरह थी। विला क्रुजीरो में हिंसा की अति हो चुकी थी। पुलिस ने तय कर लिया था ड्रग्स-गिरोहों का सफाया करने का। बैरिकेट लगा दिए गए थे; स्कूल बंद कर दिए गए थे; शिक्षक और डॉक्टर अन्दर नहीं जा सकते थे।

घर में कैद मायरा का सब्र टूट गया। उसे यह अन्याय लगा की ड्रग्स-गिरोहों और पुलिस की लड़ाई में बच्चे घरो में बंद होने को मजबूर हों। उसने सोचा, अगर वह इसके विरोध में बच्चों की मार्च आयोजित करे तो? कुछ बच्चों के साथ मार्च शुरू ही हुई थी की और भी बच्चे ख़तरों से बेपरवाह विरोध के लिए काफ़िले में शामिल होने को उमड़ पड़े। उनकी मार्च को हथियारों से लैस पुलिसवालों के सामने से गुज़रना था। बच्चों के विरोध से सभी चौंक गए। बच्चों की माँगें पूरी हुईं। पुलिस ने स्कूल के समय पर कोई भी कार्यवाही न करने को मान लिया और बच्चे पुनः स्कूल जाने लगे।

मायरा को विरोध की ताक़त का अंदाजा हुआ और उसने अगले साल एक और मार्च आयोजित किया। तीन सौ से ज़्यादा लोगों के काफ़िले में बस्ती के बड़े और बच्चों के साथ अमीर इलाक़े के लोगों ने मिलकर हर तबके के लोगों के लिए समान अधिकार की माँग की। इस बार भी मायरा की जीत हुई। वर्षों से वादा की हुई सभी बुनियादी सुविधाएँ सरकार को देनी पड़ीं।

सभी के लिए एक संस्कृति

मायरा जानती थी कि बिना पढ़ाई के दुखों से छुटकारा नामुमकिन है। लेकिन सिर्फ़ स्कूल जाने से ही सांस्कृतिक बदलाव नहीं आते, बल्कि संगीत, सिनेमा, नाटक, कला, नृत्य सभी विचार करना सिखाते हैं और यह विश्वास दिलाते हैं कि दूसरी ज़िन्दगी भी संभव है। फावेला के एक छोटे से कमरे में उसने सिनेमा बनाया। महीने में एक बार वहाँ फ़िल्म दिखाई जाती। जिसके बाद उस पर चर्चा होती। दर्शको में ज़्यादातर 15 से 18 साल के युवा होते जो इस बैठकी को छोड़ते नहीं थे। फ़िल्मों का फायदा यह था की पढ़ना-लिखना न भी आता हो तो भी सभी उसे समझ सकते थे।

मायरा एक नाटक मंडली से भी जुड़ी। एक दिन नाटक के निर्देशक ने कहा, 'नीदरलैंड की एक नाटक मंडली ने हमारी मंडली के छह लोगों को बुलावा भेजा है उनके नाटक में हिस्सा लेने के लिए। दूसरे देशों–केन्या, हिन्दुस्तान, घाना के नृत्य भी पेश किए जाएँगे।' इस तरह पहली बार दुनिया के दरवाज़े उनके लिए खुले।

17 साल : मुलाक़ातें

मायरा के काम से फावेला में कई बदलाव आए जिसके लिए उसे 2008 में अन्तरराष्ट्रीय बाल शान्ति पुरस्कार के लिए चुना गया। इस पुरस्कार की राशि से उसने सिनेमा के छोटे से कमरे

में और सुधार करवाया जिससे पूरी फावेला को फायदा हुआ। इस पुरस्कार ने बस्ती के लोगों को देखने का दुनिया का नजरिया ही बदल दिया। मायरा रियो के शिक्षा मंत्री से मिली। उन्होंने पूरे देश में शिक्षा के क्षेत्र में सुधार करने की ठानी। उसे दक्षिण अफ्रीका के जोहान्सबर्ग में सभी देशों के विकास पर होने वाले अन्तरराष्ट्रीय सम्मलेन में हिस्सा लेने के लिए बुलावा भी आया।

विश्वविद्यालय

मायरा के माता-पिता ने सोचा कि वो फावेला छोड़ कहीं और जाकर रहे लेकिन मायरा ने इंकार कर दिया। वह इतिहास की पढ़ाई कर रही थी। उसके अनुसार अपने इतिहास की याद ही बार-बार उसे दोहराने से रोक सकती है।

फुटबाल, दुःख और खुशी

ब्राजील के लोगों को गर्व था कि उनका देश 2014 में फुटबॉल वर्ल्ड कप और 2016 में ओलंपिक खेलों की मेजबानी के लिए चुना गया है। दूसरी ओर इसके सकुशल संपन्न होने के लिए ड्रग्स-गिरोहों को समाप्त करना ज़रूरी हो गया था। सारे बंदोबस्त किए गए—सेना, हेलीकॉप्टर, हथियारों से लैस गाड़ियाँ—एकदम युद्ध जैसा माहौल था। आज सड़कें पहले के मुकाबले ज़्यादा शांत हैं। लेकिन बदलाव के लिए और भी बहुत कुछ करना होगा। बहुत से ब्राजील के नागरिक नाराज थे कि बेवजह इस खेल में इतना पैसा ख़र्च हो रहा है जबकि दूसरी तरफ़ बहुतों को खाने के लाले पड़े हैं। आख़िर कैसे यह विशाल आयोजन पूरे ब्राजील के हित में थे?

‘रिफ्यूज़ी कैंप में बड़ा होना, भविष्यहीन ज़िन्दगी जीने जैसा है।’

बरुआनी रिफ्यूज़ी बच्चों की आवाज़ उठाना

नाम : बरुआनी नदुमे

जन्म : 1993 के आस पास कोंगो में

राष्ट्रीयता : कोंगोले

अन्तरराष्ट्रीय बाल शान्ति पुरस्कार

जैयर, बेल्जियन कांगो, कांगो किनशासा, डेमोक्रेटिक रिपब्लिक ऑफ़ कांगो—एक ही देश के बदलते नाम हैं और उसके अशांत इतिहास के गवाह हैं। अफ्रीका के बीचोबीच स्थित इस देश पर पड़ोसी देशों के बार-बार हमले हुए। दूसरी तरफ़ लगातार आंतरिक झगड़ों से भी ग्रस्त रहा। देश में हर तरफ़ डर का माहौल था। इसी देश में बरुआनी जन्मा और सिर्फ़ सात साल की उम्र में उससे सब छिन गया। घर, परिवार, सब। जिस कैंप में वह रिफ्यूजी की तरह रह रहा था वहाँ उसे समझ में आया कि बात करने से ही तकलीफों से उबरा जा सकता है।

रेडिओ एसपोअर की मदद से वो दूसरे बच्चों को आवाज़ दे पाया।

जीवनरक्षा

सन् 1998 में दक्षिण कीवू का इलाक़ा। बरुआनी डरकर भाग गया। सात साल की उम्र में उसके साथ ज़िन्दगी का सबसे भयानक हादसा हुआ। आतंकी की तलाश में सैनिक उसके गाँव में घुस आए और उन्होंने उसे, उसकी माँ और कुछ लोगों के साथ एक घर में बंद कर उसमें आग लगा दी। छोटा होने के कारण बरुआनी एक छोटी सी जगह से निकल भागा। एक बुज़ुर्ग औरत जो गाँव से जान बचाकर भाग पाई थी, उसने उसे साथ ले लिया।

बहुत दूर चलने के बाद उन्हें तंगानीका झील नज़र आने लगी। उसके दूसरी ओर था तंजानिया, जहाँ हिंसा के कारण भागे हुए लोगों के लिए रिफ्यूजी कैंप लगाए गए थे। थके हुए उस बच्चे और बुज़ुर्ग औरत के पास किसी एक कैंप में रहने के सिवाए कोई विकल्प नही था।

रिफ़्यूजी कैंप

बरुआनी अभी भी घबराया हुआ था। उसके पास जाने को कोई जगह नहीं थी। उसका पूरा परिवार खो गया था और वह इस कैंप में रहने को मजबूर था, जहाँ के बारे में लगभग वह कुछ नहीं जानता था। उसे वहाँ की आदत होने ही लगी थी। वह बुज़ुर्ग औरत अपनी बेटी के पास दूसरे कैंप में चली गई और उसे भी साथ ले गई।

यह नया कैंप बहुत ख़तरनाक था। मीलों लंबी कतार में एक-दूसरे से सटे हुए घर और चारों तरफ़ अशिक्षा और ग़रीबी फैली हुई थी। लोग अनाथ बच्चों को घर में रख तो लेते लेकिन अक्सर उनका शोषण करते थे। महीने में एक बार खाने का सामान बाँटा जाता जो कि पर्याप्त नही होता। कैंप के ज़्यादातर बच्चे भयानक हादसों के शिकार थे। कुछ के माँ बाप को उनकी आँखों के सामने मार दिया गया था तो कुछ उनसे हमले के दौरान बिछड़ गए थे। बच्चे डरे हुए थे; न परिवार न दोस्त, वे बेहद अकेले थे। बरुआनी भी इन्हीं बच्चों में से एक था।

बुज़ुर्ग औरत ने आते ही उसे अपनी बेटी को सौंप दिया। वो उसे मारती और खाना, कपडे भी नहीं देती। उससे लकड़ी के भारी गट्ठर उठवाती। वह सब कुछ सहता गया क्योंकि वह और कुछ कर भी नहीं सकता था। लेकिन इस सब का असर उसकी सेहत पर पड़ा और अक्सर उसमें इतनी ताक़त भी नहीं बचती कि वह कैंप के स्कूल जा सके। एक दिन किसी संगठन के कुछ लोग आए और बच्चों से उनके अधिकारों की बात की।

बरुआनी को अब समझ आया कि उसे आवाज़ उठानी होगी, कुछ करना होगा। उसके साथ जो कुछ हो रहा था उसे रोज़-रोज़ सहना मुश्किल था। जो मौक़ा मिला था उसे वह गँवा नहीं सकता था। संगठन के कार्यकर्ता उसके अभिभावक से भी मिले और चेताया कि उन्हें बच्चे के साथ बुरा बर्ताव करने का कोई हक़ नहीं है। इसके बाद बरुआनी के लिए ज़िन्दगी थोड़ी आसन हो गई।

रेडियो 'एसपुंआर'

बरुआनी पहले से बेहतर था। उसके आस-पास क्या हो रहा था उस पर ध्यान देने लगा। कैंप में बच्चों की एक संसद बनाई, जो उनकी परेशानियाँ हल करने की कोशिश करती। जब सांसद चुनने की बात हुई तो बरुआनी आगे आया और चुना गया। ज़िन्दगी में पहली बार उसे गर्व का अहसास हुआ। आवश्यकता थी कि बच्चों की आवाज़ सुनी जाए। छोटे बरुआनी ने उसका तरीका भी निकाला। कुछ साल पहले मार-काट व युद्ध से बचे हुए लोगों के लिए जैसुइटस—कैथोलिक धर्म मानने वाले—ने रैडिओ क्वीजेरा बनाया था जिसका मतलब है रैडिओ एसपुआर (रेडियो उम्मीद)। बच्चों के लिए एक प्रोग्राम रखा गया जिसकी ज़िम्मेदारी बरुआनी को दी गई। कुछ पत्रकारों ने उसके लिए प्रसारण का मैटरियल एकत्रित किया और उसे प्रसारण करना सिखाया।

'बच्चों के लिए बच्चे' यही नाम था बच्चों के प्रसारण का। बरुआनी ने युवा रिपोर्टरों की एक टीम बनाई जो कैंप के बच्चों से उनकी तकलीफों के बारे में बात करते।

'मेरे माता-पिता मुझे प्रतिदिन पानी लाने के लिए मजबूर करते हैं। पानी बहुत दूर है और पानी से भरा बर्तन बहुत भारी होता है। पानी लाने के बाद मुझमें इतनी हिम्मत नहीं बचती कि मैं पढ़ाई में ध्यान दे पाऊँ।'

'क्लास में बैठने के लिए कुर्सी मेज़ नहीं हैं। हमें ख़ुद ही बनाना पड़ा और हमारे पास कॉपी पेंसिल भी नहीं है।'

'मै भी बहुत थक जाता हूँ स्कूल जाने के लिए। मुझे भूख़ लगती रहती है। मेरे अभिभावकों को मेरे हिस्से का खाना मुझे खिलाने के बजाए उसे बेचकर पैसे कमाना ज़्यादा ठीक लगता है।'

R.D. CONGO

बरुआनी जानता है कितना दुखदायी होता है अपनी तकलीफ़ को अन्दर दबा के रखना। जब वे लोगों के सामने अपनी तकलीफ़ बयान करते तो उनका आत्मविश्वास बढ़ता और वो अपना जीवन सुधारने के तरीक़े सोच पाते। नन्हे रिपोर्टर लौटकर आपस में सभी की परेशानियों पर चर्चा करते। बच्चों की आपबीती रिकार्ड कर वो कैसेट रेडियो उम्मीद को भेज देते, जो उसे प्रसारित करता।

रेडिओ क्वीज़रा की लोकप्रियता

इतवार की दुपहर जब बरुआनी कैंप में घूम रहा था तो उसने देखा कि रेडियो में काम करने वालों के चारो तरफ़ भीड़ थी। उनके प्रसारण का वक़्त था। उसने कभी सोचा नहीं था कि यह इतना लोकप्रिय हो जाएगा। धीरे-धीरे बड़ों का भी नजरिया बदलने लगा।

रेडियो क्वीज़रा का चमत्कार

बच्चे माइक पर अपना और अपने गाँव का नाम बताते। अपनी आपबीती सुनाते और पूछते की कहीं कोई परिवार वाला या कोई दोस्त उसकी राह तो नहीं देख रहा। इस प्रसारण के ज़रिए बहुत से बच्चे अपने खोए हुए परिवारों से दुबारा मिल पाए।

सम्मान

मात्र 16 साल की उम्र में बरुआनी अपने प्रयासों से कैंप के बच्चों के जीवन में काफ़ी सुधार लाने में सफल रहा और उसे अन्तरराष्ट्रीय बाल शान्ति पुरस्कार से सम्मानित किया गया।

कुछ समय पश्चात् सन् 2015 में वह दक्षिण अफ्रीका के जोहान्सबर्ग में मानव अधिकारों पर होने वाली कान्फ्रेंस में हिस्सा लेने गया। वहाँ उसे मायरा मिली। बरुआनी की अंग्रेजी अब तक काफ़ी अच्छी हो गई थी और उसे बात करने के लिए अनुवादक की ज़रूरत नहीं थी। उसे रेडिओ बहुत पसंद था। वह विश्वविद्यालय जाकर पढ़ाई कर रेडिओ पत्रकार बनना चाहता था। बरुआनी के लिए दुनियाभर में बच्चों के अधिकारों की जानकारी फैलाने हेतु रेडियो सबसे असरदार माध्यम था।

विकास के लिए सदी का लक्ष्य

जिस कान्फ्रेंस के लिए बरुआनी और मायरा जोहान्सबर्ग गए थे, उसका उद्देश्य था इस सदी में विकास के लक्ष्य तय करना। इन लक्ष्यों को काफ़ी देशों और संगठनों ने पूरा करना तय किया था। ग़रीबी कम करना, बच्चों की मृत्युदर कम करना, महामारी से बचाव, एड्स की जागरूकता, स्त्री-पुरुष समानता, धरती पर धारणीय विकास। ये लक्ष्य अभी दूर हैं। लेकिन काफ़ी कुछ बदला भी है। इस तरक़्क़ी से धरती की बेहतरी के लिए और 2030 तक प्राप्त किए जाने वाले लक्ष्यों हेतु सरकारों को हौसला भी मिला।

‘मैं शादी तब करूँगी जब मैं चाहूँगी।’

मेमरी बाल विवाह का विरोध

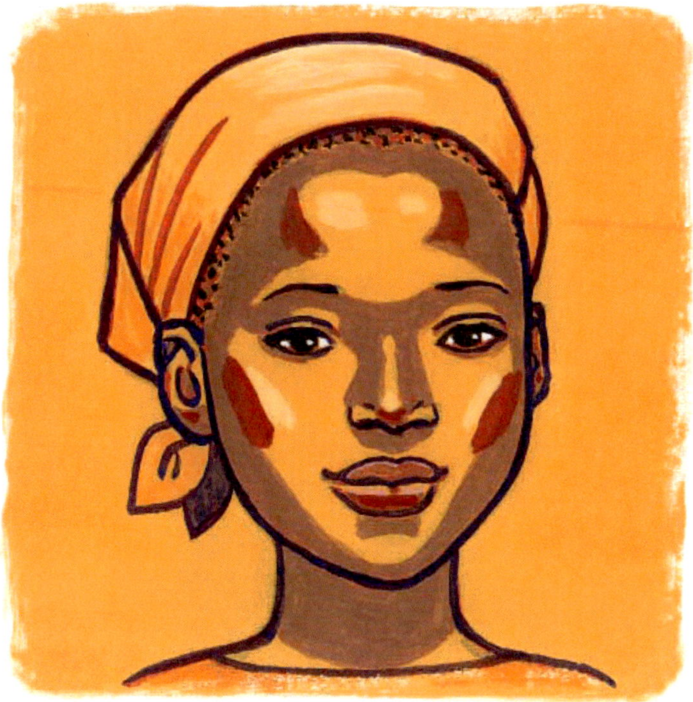

नाम : मेमरी बांडा

जन्म : 1996 के आसपास

राष्ट्रीयता : मलावी

मलावी दुनिया के सबसे ग़रीब देशों में से एक, अफ्रीका महाद्वीप का छोटा-सा देश है। मोजाम्बिक, ज़ाम्बिया और तंज़ानिया जैसे देश इसके पड़ोसी हैं। उसके पूर्व में एक लंबी झील थी और पहाड़ो से घिरे इस दुर्गम में गुज़र बसर के तरीक़े कम हैं। अधिकतर लोग दक्षिण में मैदानी क्षेत्रों में एकत्रित हो गए। लोग छोटे-छोटे क़स्बो में बँट गए और हर क़स्बे का एक सरगना है जो सभी रीत-रिवाजों का पालन करवाता है।

कुछ रवायतों को ख़त्म हो जाना चाहिए, जैसे जो यह तय करे कि कब छोटी बच्ची बालिग हो गई और उसकी शादी हो जानी चाहिए। तेरह की उम्र में मेमरी ने शादी से मना कर दिया।

13 साल की उम्र

'मेमरी तुम बड़ी हो गई हो। अब समय हो गया है कि तुम भी संस्कार केन्द्र जाओ।'

'हमारी पहले ही बात हो गई है इस बारे में... इसका तो सवाल ही नहीं उठता।'

'अपनी बहन को देखो वो तुमसे छोटी है और उसके बच्चे भी हैं।'

'मैं पढ़ना चाहती हूँ और मुझे शादी नहीं करनी।'

'तुम्हारी माँ सही कह रही है', उसकी आंटी बोली, 'तुम्हें वहाँ जाना चाहिए, क्या तुम क़स्बे के रिवाजों की इज्ज़त नहीं करतीं?'

'नहीं।'

संस्कार केंद्र

केंद्र...! यह शब्द सुनते ही मेमरी सिहर जाती। वो भूल नहीं पायी है कि उसकी बहन के साथ क्या हुआ था, जब वो सिर्फ़ 11 साल की थी। उस दिन मेमरी ने कसम खाई कि वो यह कभी नहीं स्वीकार करेगी। आज वो 13 साल की है उसकी बारी है। उसके आसपास के लोग माँ, चाचियाँ, मौसियाँ, पडोसी सभी उसे सताते हैं। ताने मारते हैं; कौन है ये जो अपनी मर्जी चला रही है! बात नहीं मान राही! मेमरी अडिग रही, 'मैं केंद्र नहीं जाऊँगी।'

मलावी में एक रिवाज सदियों से चला आ रहा था कि लड़की के जवान होते ही उसे संस्कार केंद्र में जाना होता है, लेकिन इस केन्द्र में सिखाया क्या जाएगा? अपने होने वाले पति की इच्छाओं को पूरी करना। हर दिन एक औरत उन्हें यौन क्रियाओं के बारे में समझाती, जब तक वो खास दिन नहीं आ जाता। जब एक आदमी को चुनकर हर लड़की के साथ रात गुज़ारने के लिए उसे पैसे दिए जाते। कितना कटु अनुभव होता है! और इन लडकियों के लिए कैसा मानसिक आघात है, जिनमें से कुछ तो सिर्फ़ छह या सात साल की ही होती थीं।

आज़ाद ज़िन्दगी का अन्त

इस रिवाज़ के नतीजे बहुत भयंकर हैं। जब ये लडकियाँ केन्द्र से वापिस आती हैं तो कुछ एड्स का शिकार हो चुकी होती हैं तो कुछ गर्भवती। फिर उन्हें शादी के लिए मजबूर किया जाता है। मेमरी की बहन के साथ भी यही हुआ। सिर्फ़ 11 साल की उम्र में वह एक बच्चे की माँ थी। उसका सपना था पढ़ाई करके शिक्षिका बनने का पर वो जल्द ही तीन बच्चों की माँ बन गई।

जब मैं चाहूँगी तभी शादी करूँगी

यह वाक्य उसकी दोस्त की कविता का शीर्षक था। मेमरी ने उसे अपना आदर्श बना लिया था।

'मैं शादी तब करूँगी जब मैं चाहूँगी' मेरी माँ मुझे शादी के लिए मजबूर नहीं कर सकती। मेरा बाप मुझे शादी के लिए मजबूर नहीं कर सकता। मेरे चाचा, मेरी चाची, मेरे भाई-बहन कोई मुझे शादी के लिए मजबूर नहीं कर सकता।

चाहे वो मुझे मारें या मुझे भगा दें, चाहे मुझे कितना भी दुःख दें, मैं शादी तब करूँगी जब मैं चाहूँगी। पढ़ाई पूरी करने से पहले तो बिल्कुल नहीं।

क़ानून में बदलाव

अपने क़स्बे की मदद करने के लिए मेमरी वकील बनना चाहती थी। लेकिन लडकियाँ जब कम उम्र में ही माँ बन जातीं तो वह पढ़ाई करने का कैसे सोच सकती थीं? वो जो भी सीखतीं, वह सब उन्हें याद ही नहीं रहता था। मेमरी ने सोचा की जो माएँ पढ़ना चाहती हैं उनके लिए गाँव में नि:शुल्क क्लास लगाएगी। जल्दी ही बीस युवा लड़कियाँ उसके क्लास में आने लगीं। मेमरी उन्हें पढ़ना-लिखना सिखाती। इस विश्वास भरे वातावरण में लडकियाँ अपनी आपबीती, अपनी तकलीफ़ों के बारे में बात करतीं; कैसे उन्हें बचपन में शादी के बाद स्कूल

छोड़ना पड़ता, अपने परिवार और दोस्तों से मिल नहीं सकतीं! वे अपने ससुराल में कैद होकर रह जाती थीं। यह स्थिति जिसे उसके आस-पास सभी ने नियति मानकर स्वीकार कर लिया था, मेमरी को उस रिवाज से चिढ़ थी। एक संगठन जो जबरदस्ती के विवाह का विरोध करता था, उसकी सहायता से मेमरी ने इसके विरुद्ध आवाज़ उठायी। उसने छोटी उम्र में माँ बनी लड़कियों को सुझाव दिया कि उन्हें भी मिलकर बाल विवाह का विरोध करना चाहिए। मेमरी और उसके साथियों ने उस मुखिया स्त्री को भी समझा कर अपनी तरफ़ कर लिया जो इन रिवाजो की प्रमुख थी। इस प्रकार इस लड़ाई में मेमरी अब अकेली नहीं थी। संगठनों के साथ मिलकर उसने शादी की क़ानूनन उम्र को बढ़वाने के लिए लड़ाई लड़ी।

आख़िरकार सरकार ने इस क़ानून पर विचार करने के लिए एक परियोजना तैयार की। इस ख़बर पर सभी युवा लड़कियों ने अधिकारियों के ख़िलाफ़ मोर्चा निकाला। वे प्रत्येक दिन संसद भवन जातीं और अपनी आवाज़ सदस्यों तक पहुँचाने की कोशिश करतीं।

क़ानून या रिवाज़

उन्हें जीत मिली। फरवरी, 2015 में शादी की क़ानूनन उम्र 15 साल से बढ़ा कर 18 साल कर दी गई। लेकिन अभी बहुत कुछ करना बाक़ी था।

सिर्फ़ क़ानून पारित कराना काफ़ी नहीं था। ज़रूरत थी कि वह लागू भी हो। लोगों की मानसिकता बदलने में काफ़ी समय लगता है। हर क़स्बे में रीति-रिवाजों की प्रमुख को मनाना होगा। माओं को समझना होगा। लड़कियों को जानकारी देनी होगी। लड़कियों के पास अब शक्ति थी अपनी ज़िन्दगी अपने हिसाब से बनाने के लिए और जीने के लिए।

बचपन से वंचित

बाल विवाह लड़कियों के लिए अभिशाप है। कुछ बहुत छोटी उम्र में गर्भवती होने से या फ़िर एड्स का शिकार होकर मर जाती हैं। और यह एड्स उनके बच्चों तक में फ़ैल जाता है। इन बच्चों को पढ़ाई का, स्वास्थ्य का, एक अच्छे भविष्य का कोई हक़ नहीं होता। छोटी उम्र में विवाह लड़कियों से उनका बचपन छीन लेता है। यूनिसेफ, संयुक्त राष्ट्र संघ की संस्था है, जो बच्चों की सुरक्षा के लिए काम करती है। यह कोशिश करती है कि सभी बच्चे कम से कम नौ साल स्कूल में पढ़ें और प्राइमरी शिक्षा हासिल करें।

‘वो बच्चे हैं जो हौसला सिखाते हैं, खेल की दुनिया के सितारे नहीं जो कंपनियों के ब्रांड्स बढ़ाते हैं, व्यापारी और उनकी दौलत नहीं। ये बच्चे ही असली हीरो हैं।’

क्रेग बालश्रम की समाप्ति

नाम : क्रेग केलबरगर

जन्म : 18 दिसम्बर, 1982, कनाडा के ओंटेरियो शहर में

राष्ट्रीयता : कनाडियन

किताब : क्रेग केलबरगर और केविन माज़र द्वारा लिखित 'बच्चों की आज़ादी'

कनाडा में 12 साल का एक बच्चा अपनी पढ़ाई बिना किसी दिक्कत के कर रहा है। सन् 1985, अप्रैल माह की एक सुबह, वो स्कूल जाने को तैयार हो रहा है और थोडा जल्दी तैयार हो जाने पर वो कार्टून देखने के लिए अखबार खोलता है। पहले पन्ने पर एक फ़ोटो और ख़बर पर उसका ध्यान जाता है और वो ख़बर उसकी ज़िन्दगी में तूफ़ान भर देती है।

ख़बर

इकबाल मसीह, बाल श्रमिक, 10 साल की उम्र में आज़ाद हुआ और 12 साल में मार दिया गया!

ख़बर थी एक पाकिस्तानी बाल श्रमिक की, जो बाल श्रम के खात्मे के लिए और अपने जैसे दूसरे बच्चों की आज़ादी के लिए लड़ रहा था। कालीन कंपनी के मालिक अपने मुफ़्त के कारीगरों को जाता देख गुस्से में इकबाल मसीह को धमकी दी, इकबाल को गोली लगी और वो वहीं मर गया।

यह हादसा था या कालीन कंपनी के मालिकों का बदला, यह रहस्य बना हुआ है।

कनाडियन बच्चा भी इकबाल की तरह 12 साल का है। यह ख़बर पढ़कर उसे झटका लगा। उसे बाल श्रम के बारे में कुछ पता नहीं था, परंतु अब उसे कुछ करना होगा। क्रेग पुस्तकालय जाकर अलग-अलग आर्टिकल पढ़ता, बाल श्रम के ख़िलाफ़ काम करने वाली संस्थाओं में मदद करने की इच्छा से मिलता—परंतु सब जगह से एक ही जवाब मिलता तुम बहुत छोटे हो कुछ सालों बाद मिलने आना। अगर किसी को उसकी ज़रूरत नहीं है, तो वो ख़ुद ही कुछ करेगा।

12-12 साल के बच्चों का क्लब बनाएगा।

कुछ दिनों बाद उसने क्लास में बात उठाई, 'मैंने मालूम किया है दुनिया में हज़ारों बच्चे गुलाम हैं। हम भी बच्चे हैं, हमे कुछ करना होगा, आवाज़ उठानी होगी। अगर आप सब कुछ करना चाहते हैं तो इसके बारे में विचार करने के लिए हम एक क्लब बना सकते हैं।'

12 साल के ग्यारह बच्चों ने हाथ उठाया और क्रेग को मिलाकर वो बारह हो गए। 12-12 का क्लब बन गया। वो स्कूलों में जाकर बात करेंगे, पैसा इकट्ठा करेंगे और बच्चों से काम कराने वाली कंपनियों का बहिष्कार करेंगे। जैसे-जैसे वक़्त बीतता गया

क्रेग को विश्वास हो गया कि आगे बढ़ने से पहले उसे उन गुलाम बच्चों से मिलकर उनकी ज़िन्दगी के बारे में जानना होगा। सबसे मुश्किल था अपने माता-पिता को मनाना, लेकिन वो मान गए और क्रेग अपने पाकिस्तानी दोस्त आलम के साथ सात हफ़्ते के दौरे पर पाकिस्तान गया। सात हफ़्तों में क्रेग और अलम ने पाँच देशों का दौरा किया—बांग्लादेश, थाईलैंड, हिन्दुस्तान, नेपाल और पाकिस्तान। क्रेग ने साक्षात्कार किया, अलम ने रिकॉर्ड किया। हर जगह लोग उसे बच्चों के अधिकारों के लिए लड़ते मिले। कभी जिद्द करके तो कभी चालाकी से, वह कुछ बच्चों से बात करने में सफल रहा।

चाइल्ड ट्रेड, कालीन की फैक्ट्री, ईंट भट्ठे, ट्रेन स्टेशनों पर काम करने वाले बच्चे, सभी बच्चों में से चार बच्चों ने क्रेग की ज़िन्दगी पर गहरा असर छोड़ा। चार बच्चे जिनसे उसने दोस्ती की।

मुन्नीलाल

उत्तरी भारत के एक शहर में कुछ पुलिस वाले, वकील, अलम और बी.बी.सी. के एक रिपोर्टर ने मिलकर बच्चों को कालीन फैक्ट्री से आज़ाद कराया।

लेकिन फैक्ट्री का मालिक निकल भागा। जिस गाड़ी से वो लौट रहे थे वह बच्चों की ख़ुशी से गूँज रही थी : हम आज़ाद हैं! हम आज़ाद हैं!

गाड़ी में, क्रेग ने 8 साल के मुन्नीलाल से बात की :

- तुम स्कूल गए हो कभी?
- हाँ, मेरे माता-पिता चाहते थे कि मैं पढ़ना-लिखना सीखूँ लेकिन जब भी मैं कोई ग़लती करता, मास्टर साहब मुझे मारते। मैंने स्कूल छोड़ दिया।

इसी बीच एक आदमी गाँव आया और मेरे माता-पिता से मुझे उसके साथ भेजने को कहा : यह स्कूल के साथ-साथ कालीन बुनना भी सीख सकता है। बहुत पैसे मिलेंगे लेकिन मुझे कभी पैसे नहीं मिले। वे मुझे मारते। देखो मेरे ज़ख़्म। बच्चे अपने घर जाने के लिए रोते तो वे उन्हें सिगरेट से जला देते। फिर मैं अन्दर ही अन्दर रोता।

- तुम बहुत जल्द ही अपने माता-पिता से मिलोगे। क्रेग ने उसे गले से लगाते हुए कहा।

नागाशिर

कुछ दिन बाद आलम और क्रेग एक आश्रम में पहुँचे जहाँ आज़ाद होने के बाद बच्चे तब तक रहते हैं जब तक कि उनमें आत्मविश्वास न आ जाए। क्रेग नागाशिर के पास बैठा। नागाशिर भी कालीन फैक्ट्री में काम करता था। जब उसने काम शुरू किया वह महज

सात साल का था। उसने अपने छोटे भाई को वहाँ से भगाने की कोशिश की तो सजा के तौर पर उसके हाथ, पैर और गले पर गर्म प्रेस से दाग दिया गया। जब वो आश्रम आया तो बिलकुल बात नहीं करता था। तीन हफ़्ते बाद उसके मुँह से एक गाना निकला, वही गाना उसने क्रेग को सुनाया।

'अगर जीना हैं तो हँसकर जियो
कभी तूफान है तो कभी गम
जीवन सुख दुःख का मेल है
रो के नहीं हँस के जीयो।'

मोहन

उसी आश्रम में एक बच्चा था—मोहन। वह एक फैक्ट्री से भागा था, जहाँ उसने पाँच साल काम किया था। वह डरता नहीं था और आसानी से बात कर पा रहा था। क्रेग ने एक कमरे में बच्चों की तकलीफ़ें बयान करने के लिए कुछ पत्रकारों को इकट्ठा किया।

बच्चों की तकलीफों के बारे मे बताने के लिए नगाशिर और मोहन अपनी आपबीती बयान करने को मान गए। मोहन ने बच्चों पर होने वाली क्रूरता के बारे में बताया। दो बच्चे, जिन्होंने भागने की कोशिश की उन्हें मार दिया गया। उसी कमरे में एशिया के ऑफ़ीसियल दौरे पर आए कनाडा के प्रधानमंत्री के सलाहकार मौजूद थे। कुछ दिन बाद कनाडा के मंत्री मज़दूर बच्चों के मुद्दों के लिए क्रेग से मिलने के लिए तैयार हो गए।

मालीगा

पाकिस्तान में कुछ दिन रहने के बाद अलम और क्रेग दक्षिण भारत के शहर मद्रास पहुँचे। वहाँ उन्हें हर तरफ़ काम करने वाले बच्चे मिले; कचरे के ढेर से सामान बटोरते बच्चे, बचे हुए धातु से सामान बनाते, घर में नौकर का काम करते और एक छोटी बच्ची जो हर दिन घंटो काग़ज़ में टॉफी लपेटती!

क्रेग के होश उड़ गए जब एक गली के अन्त में एक बिल्डिंग में उसे एक छोटी-सी लड़की मिली, जो सिरिंज के ढेर के बीच में बैठी हुई थी! जमीन पर बैठकर क्रेग ने अनुवादक से पूछा, 'ये सिरिंज कहाँ से आयी? यह लड़की क्या कर रही है?'

'ये सिरिंज अस्पताल से, कचरे से और सड़क से एकत्रित की गई है। यह लड़की इनका प्लास्टिक इकट्ठा कर रही है।'

'इससे तो एड्स होने का ख़तरा है? क्या होगा अगर सुई उसे चुभ गई तो?' क्रेग ने पूछा।

'वो हाथ धो लेगी, बस और क्या? उसका कोई इलाज नहीं होगा', अनुवादक ने कहा।

बच्ची की तरफ़ मुड़कर क्रेग ने कहा, 'ये बहुत ख़तरनाक हैं, क्या तुम ध्यान रखती हो कि कोई भी सुई तुम्हें चुभ न जाए?'

'कभी-कभी मुझे चुभ जाती है', बच्ची ने कहा।

क्रेग अपने दोस्तों को भूल नहीं पाया। दो साल बाद जब वो हिन्दुस्तान लौटा तो कुछ दोस्त उसे मिले। मुन्नीलाल अपने परिवार के साथ रहता है और स्कूल भी जाता है। नागाशीर अपने गाँव के घर घर जाकर माता-पिता को समझाता है कि वो बच्चों को कालीन फैक्ट्री में काम करने न भेजें। मोहन स्कूल के हॉस्टल में रहता है और पढ़-लिखकर पुलिस में भर्ती होना चाहता है ताकि वह फैक्ट्री के मालिकों को पकड़ सके।

एक दूसरे के मददगार बच्चे

मेरी ज़िन्दगी दो भागों में बँटी है, 'एशिया से पहले और उसके बाद।' उसने पत्रकारों को बताया।

लौटने के बाद क्रेग की ज़िन्दगी पहले जैसे नहीं रही। क्रेग भी पहले जैसा नही रह गया। उसने अपने जीवन को बच्चों की तकलीफ़ें दुनिया के सामने लाने में लगा दिया। उसके अनुसार अमीर देश भी बच्चों की इस हालत के ज़िम्मेदार हैं। क्रेग के माता-पिता उसकी पूरी सहायता करते हैं और उसका भाई मार्क भी।

क्रेग के ग्रुप को बने हुए चार साल हो गए। अब वह सोलह साल का है। बारह बच्चों से सौ और फिर हज़ारों बच्चों का क्लब अब संगठन में तब्दील हो गया है। बच्चों को आज़ाद करो। बच्चे ही बच्चों की मदद करेंगे। संगठन का ख़र्च बच्चों के प्रयासों से ही आता है।

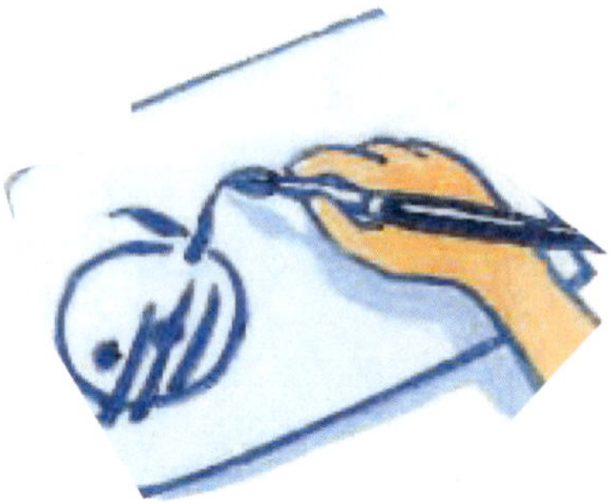

आज

अपने काम के साथ-साथ क्रेग ने अर्थशास्त्र और वकालत की पढ़ाई पूरी की। वह जानता है कि बाल श्रम एक बड़ी समस्या है। इसके लिए उन कारणों को ख़त्म करने की ज़रूरत है जो बच्चों को छोटी उम्र में पैसे कमाने के लिए मज़बूर करता है। उदहारण के तौर पर निकारागुआ में एक संगठन ने छोटे-छोटे उद्योग लगाए हैं, जिससे माता-पिता इतना कमा लेते हैं कि वे अपने बच्चों को काम पर भेजने के बजाय स्कूल भेज सकें।

बच्चों की एकजुटता

दुनिया में सब तरफ, यहाँ तक कि संपन्न देशों में भी हज़ारों बच्चे शोषण का शिकार हैं। कई संस्थाएँ बच्चों को उनके अधिकारों के बारे में जानकारी देती हैं; जैसे एमनेस्टी इंटरनेशनल बाल अधिकारों के घोषणापत्र को प्रत्येक देश में लागू करवाने का प्रयत्न करता है। साथ ही मानव अधिकारों का उल्लंघन रोकने का निरंतर प्रयास करता है। या जैसे एटीडी क्वार्ट मोंड (ATD Quart Monde) जिसकी एक शाखा टपोरी (Tapori) है, जहाँ सभी देशों और सभी वर्गों के बच्चे एक साथ प्रोजेक्ट और लेखों के ज़रिए अपने अनुभव एक-दूसरे के साथ बाँटते हैं।

उपसंहार

बदलाव से ही मानव समाज में समानता लाई जा सकती है। इसके लिए अनेक क़ानून हैं और तमाम संस्थाएँ भी इस दिशा में काम कर रही हैं। लेकिन यह काफ़ी नहीं है। इन बच्चों की तरह ही यह हर एक की ज़िम्मेदारी है। ये बच्चे भविष्य के निर्माण के लिए शिक्षा के महत्त्व को समझकर उस राह पर चले, जहाँ दूसरे भी उनके पीछे आ सकें। उम्मीद और शक्ति से भरे हुए! हर उम्र में, हर परिस्थिति में, कुछ बदलाव की गुंजाइश रहती है। हर व्यक्ति स्वयं को शिक्षित और संगठित कर के अपनी छोटी-छोटी कोशिशों से भी ज़्यादा न्यायप्रिय और एकजुट दुनिया का निर्माण कर सकता है।

किड्स राइट्स

हर साल बच्चों के लिए इंटरनेशनल पीस प्राइज देने वाली संस्था के बारे में जानने के लिए : www. kidsrights.org

एमनेस्टी इंटरनेशनल के बारे में जानने के लिए : http://www.amnesty.fr

कनाडा
कोलंबिया
आर डी कांगो
ब्राज़ील

पाकिस्तान
इंडिया
फिलीपींस
मलावी